AF250763

CONSIDÉRATIONS

SUR

LA NÉCESSITÉ DE FAIRE LA GUERRE

AUX

RÉVOLUTIONNAIRES ESPAGNOLS.

DU MÊME AUTEUR.

Considérations sur les mouvemens stratégiques et sur la violation des principes de l'art de la guerre, suivies d'une méthode pour calculer les grandes opérations militaires, ce qui a déterminé l'auteur à prendre pour point de comparaison les campagnes de 1812 et 1813. Ces divers événemens l'ont encore conduit à donner un aperçu de l'art de la guerre dans le 17e et le 19e siècle.

Il a puisé ses exemples dans les campagnes des généraux de Louis XIV, et dans quelques-unes de celles de Bonaparte. Le parallèle de Fréderic II et de Napoléon termine la première partie.

Dans la seconde, cet officier combat le nouveau système, qui ne voit de moyens de résistance pour la France que dans l'extension des places fortes ; pour réfuter complétement cette assertion, il a pris ses exemples dans les opérations des campagnes de 1814 et de 1815.

Trois cartes sont jointes à cet ouvrage pour l'intelligence des marches des armées.

N. B. Cet Ouvrage se vend aussi chez les mêmes Libraires.

CONSIDÉRATIONS

SUR

LA NÉCESSITÉ DE FAIRE LA GUERRE

AUX

RÉVOLUTIONNAIRES ESPAGNOLS,

ET MOYENS A EMPLOYER POUR FAIRE CETTE GUERRE
AVEC AVANTAGE, LE TOUT ENVISAGÉ SOUS LE RAPPORT
POLITIQUE ET D'APRÈS LES RÈGLES DE LA STRATÉGIE ;

Avec une carte du théâtre de la guerre, qui doit servir à l'intelligence
de cette campagne ;

PAR L. C. DUCHATEAU,

Lieutenant-Colonel d'état-major, Chevalier des ordres royaux
de St.-Louis et de la Légion d'honneur.

A PARIS,

Chez C. J. TROUVÉ, imprimeur-libraire, rue Neuve-S.-Augustin, n. 17;
PIQUET, géographe, quai de la Monnaie, no. 17 ;
PONTHIEU et DELAUNAY, libraires, au Palais-Royal, galerie de Bois.

1823.

TABLE.

CONSIDÉRATIONS

SUR

LA NÉCESSITÉ DE FAIRE LA GUERRE

AUX

RÉVOLUTIONNAIRES ESPAGNOLS,

ET MOYENS A EMPLOYER POUR FAIRE CETTE GUERRE AVEC AVANTAGE, LE TOUT ENVISAGÉ SOUS LE RAPPORT POLITIQUE ET D'APRÈS LES RÈGLES DE LA STRATÉGIE.

Aperçu des raisons qui peuvent déterminer la Sainte-Alliance à déclarer la guerre à l'Espagne.

LES principes destructeurs qui ont prévalu au commencement de notre funeste révolution, les conditions humiliantes que la révolte imposa à l'autorité légitime, les empiétemens de tous genres, les excès, les crimes, les attentats de toute nature que ces théories délirantes ont enfantés, sont encore trop présens à l'esprit,

1

pour qu'il ne soit pas évidemment démontré que la révolution espagnole, considérée dans son principe et suivie dans ses résultats, n'est qu'une conséquence de la nôtre, ou plutôt le développement nouveau des mêmes principes que les mêmes hommes s'efforcent de faire adopter dans un pays voisin, avec l'espérance qu'une fois consacrés, ces principes réagissans reviendront encore allumer parmi nous la torche incendiaire des révolutions.

Ainsi, lorsque la révolution espagnole, d'autant plus redoutable pour la France, qu'elle en est plus proche, n'est point encore à son dernier apogée, mais que les Cortès, maîtres absolus du pouvoir, ont, de fait, précipité du trône Ferdinand VII, n'est-il pas permis de supposer que le gouvernement français ne restera point dans une inaction dangereuse; et, soit par l'effet d'une politique généreuse, soit par la force des choses mêmes, se verra obligé de couvrir de son égide un roi malheureux et captif, avant qu'une faction, qui déjà prélude au régicide, n'ait consommé le plus grand des forfaits politiques? Son intérêt bien entendu d'ailleurs ne le portera-t-il pas tôt ou tard à étouffer, dans le sein même de l'Espagne, ces sociétés populaires à l'aide desquelles le grand comité directeur qui a toujours siégé à Paris, cherche à ramener l'apathie des peuples fatigués de ces saturnales politiques ? N'a-t-il pas à craindre aussi que ce comité directeur ne parvienne à faire faire aux *Descamisados* une levée de boucliers, qui deviendrait infailliblement le signal d'une commotion nouvelle, tant en France qu'en Italie, où la révolte, quoique comprimée, est loin d'être anéantie ?

Ces diverses considérations ayant été développées et discutées dans le congrès de Vérone, les puissances qui composent la Sainte-Alliance se sont unanimement convaincues qu'elles devaient intervenir dans les scènes sanglantes qui se passent dans les Espagnes (1). Elles avaient cru cependant jusqu'à ce jour que leur intervention ne devait consister que dans des notes diplomatiques ; mais, d'après les réponses des Cortès, les monarques se verront sûrement forcés de participer à la guerre d'Espagne, et nous fondons cette assertion sur les motifs suivans :

1º On voit que les conseils amicals donnés au roi d'Espagne n'ont eu aucune influence sur son ministère ; car la raison est une arme bien faible contre des ambitieux et des anarchistes, dont les uns veulent, à quelque prix que ce soit, s'emparer

____

(1) Voyez la note du 14 novembre 1822.

de la puissance suprême, et les autres n'aspirent qu'à l'instant où ils pourront spolier la fortune des riches.

2° Les principes de la Sainte-Alliance étant d'assurer l'état politique de tous les gouvernemens de l'Europe, il n'y a point de doute que les grandes puissances n'appuient par des forces actives les décisions prises par elles. Ce parti est le seul que l'humanité commande envers un roi lâchement abandonné de son armée. L'intérêt général veut enfin que l'on fasse une justice prompte et sévère des principaux coupables, afin qu'on ne voie plus se renouveler ces scandaleux exemples d'armées abandonnant l'honneur et devenant de véritables troupes de janissaires, qui, par conséquent, assimilent leur gouvernement à celui des Turcs.

Les cabinets de l'Europe formant la Sainte-Alliance sont sûrement persuadés qu'une fois que la monarchie espagnole serait détruite, la Péninsule deviendrait un fort où les jacobins, les carbonari et les radicaux trouveraient une retraite sûre, d'où ils pourraient conspirer contre tous les gouvernemens existans, et que ce serait de ce volcan révolutionnaire que sortiraient les machinations infernales qui n'auraient qu'un seul et même but, celui de bouleverser l'ordre social. Les rapports de toutes les autorités en Europe n'attestent que trop leurs intentions perverses. Cependant il est un grand nombre de gens estimables, amis sincères de leur pays, mais assez peu clairvoyans pour excuser les hommes odieux qui n'aspirent qu'au désordre. Ce fatal aveuglement est quelquefois le tort des cœurs généreux, qui ne peuvent se persuader l'existence du crime; mais il ne peut et ne doit être partagé des souverains, car il attirerait des malheurs sans nombre sur les peuples que la Providence a confiés à leurs soins, et à qui elle a fait un devoir de veiller à leur sûreté.

On ne pouvait croire que les monarques ne fussent persuadés d'une vérité généralement reconnue, qu'il est impossible de traiter avec des chefs de révoltés; leur pouvoir n'étant que momentané, ils ne peuvent vous donner aucune garantie, car la cabale qui les a élevés peut de même les renverser. Ces princes n'ont donc d'autre parti à prendre contre tous les gouvernemens de fait, que d'employer la force des baïonnettes.

Pour justifier l'emploi de ces moyens violens, il suffit de se représenter le roi d'Espagne n'exerçant plus la puissance souveraine que pour nommer les ministres que la faction dominante lui ordonne de mettre à la tête du pouvoir exécutif. La nomination des généraux lui est arrachée de même; enfin, il est forcé d'apposer sa signature aux listes de proscriptions. Et c'est un tel gouvernement que les différentes factions qui subsistent en Europe proposaient bénignement de laisser subsister !

Si, d'un autre côté, nous jetons les yeux sur l'Angleterre, nous voyons que depuis long-temps on cherche à y propager les principes désorganisateurs qui tourmentent d'autres royaumes, et qu'il faudrait supposer au cabinet de Saint-James une grande pusillanimité, si l'on pensait qu'il n'emploiera pas tous ses moyens pour extirper ces ennemis de l'ordre social. La réunion d'hommes d'État formés par Pitt doit donner l'exemple d'une grande énergie; aussi sommes-nous persuadés que ce ministère suit le même système que celui adopté par les souverains qui composent la Sainte-Alliance; sa conduite pendant les révolutions qui ont récemment déchiré l'Italie, vient à l'appui de cette opinion; car l'envoi de quelques vaisseaux de guerre anglais dans les ports de Naples, chargés, avec ceux du roi de France, de protéger la retraite de la famille royale, prouve assez que ces deux gouvernemens étaient guidés par les mêmes principes. Nous voyons encore que les avantages obtenus en même temps par les Autrichiens sur les révolutionnaires napolitains et sardes, furent appréciés par la saine partie de la nation anglaise, et que le cabinet britannique est disposé à suivre les principes des grandes puissances, quand son intérêt ne se trouvera pas trop compromis.

L'arrivée de M. de Canning au ministère avait fait espérer aux partisans des révolutions que le système allait changer de direction; mais la note remise au pouvoir exécutif d'Espagne doit leur faire perdre cette espérance, car elle ne se borne point à des menaces, mais elle avertit que des escadres anglaises sont chargées de s'emparer de plusieurs points importans dans le golfe du Mexique. Tel est le langage d'un gouvernement ferme, et qui sait faire respecter les propriétés de ses sujets.

Il y a peu de jours qu'on pouvait poser cette question : le gouvernement français livrera-t-il passage aux différens corps dont la Sainte-Alliance formerait une armée expéditionnaire? ou veut-il et doit-il se charger seul de rétablir l'ordre dans la Péninsule?

1° La première supposition se trouve résolue, et tous les Français qui aiment véritablement leur pays conviennent qu'il ne serait pas de la dignité d'un grand souverain de laisser dans ses États s'établir des forces actives dont il ne pourrait point diriger les mouvemens.

2° Le rang, la population, les richesses et l'esprit militaire d'une monarchie telle que la

France, la placent en première ligne pour exécuter une si noble entreprise. C'est à un descendant de Henri le Grand que doit appartenir l'honneur de venger les membres de sa famille et d'assurer les libertés de l'Europe en anéantissant l'hydre révolutionnaire qui s'élève de nouveau en Espagne.

3°. Le seul parti que peuvent et que doivent sans doute prendre les souverains, est d'établir de fortes réserves en Italie , et dans la partie Ouest de l'Allemagne. De ces deux points, elles se porteraient promptement dans les contrées où les malveillans pourraient parvenir à former des insurrections.

4°. Il se peut que l'ensemble des opérations engage les puissances à jeter un corps de troupes sur les côtes espagnoles , le long de la Méditerranée , chargé de faire une diversion capable de favoriser les mouvemens des armées qui devraient opérer dans les Pyrénées - Orientales. Dans ce cas , ce serait encore les vaisseaux du roi de France qui convoyeraient et soutiendraient le débarquement de ces forces.

D'après les motifs que nous venons d'esquisser, la guerre étant résolue , nous examinerons quels sont les avantages que la stratégie peut tirer des obstacles que la nature a placés entre les royaumes de France et d'Espagne, et nous faisons précéder cet examen d'une description physique et hydrographique de la Péninsule.

Description physique et hydrographique de la Péninsule.

Pour avoir une idée exacte des chaînes de montagnes et du cours des eaux de la plus grande partie de la Péninsule, il est nécessaire de porter les yeux sur le grand massif des Pyrénées qui se prolonge jusqu'au Ferrol. Cette masse énorme de rochers défend les côtes Nord de l'Espagne contre l'empiétement journalier de l'Océan, depuis l'embouchure de l'Adour jusqu'au cap Finistère. Du point de Reynosa se détache une grande chaîne de montagnes qui court du Nord-Ouest au Sud-Est. Quand elle est arrivée à Albega, près de Soria, elle se replie brusquement au Sud-Ouest et vient aboutir à l'embouchure du Tage. Avant que cette chaîne soit arrivée à la hauteur de Siguenza, elle se bifourche encore en deux parties, dont une se porte à l'Est, et vient se perdre sur les bords de la Méditerranée, tandis que d'autres présentent de nouvelles ramifications qui s'abaissent, se relèvent et viennent composer le massif des Algarves et de la Sierra-Morena.

Ces différentes chaînes de montagnes forment les bassins de l'Èbre, du Douro, du Tage et de la Guadiana. Ces fleuves et ces chaînons doivent servir à établir les bases offensives et défensives que les Espagnols peuvent toujours opposer à une invasion.

Dans un pays où la nature présente tant d'obstacles à vaincre, les grandes communications doivent être rares et se changent nécessairement en défilés : aussi ne voyons-nous que deux grandes routes qui, franchissant les extrémités applaties des Pyrénées, dont l'une part de Bayonne et l'autre de Perpignan, mènent toutes deux à Madrid. Il ne faut reconnaître que comme secondaires celles qui conduisent de Saint-Jean-Pied-de-Port à Pampelune, de Pau à Jaca, et de Mont-Louis à la Séo d'Urgel.

La position géographique des Pyrénées forme le point de contact entre la France et l'Espagne. Cette chaîne de montagnes, prise d'une mer à l'autre, présente un développement de près de cinquante myriamètres. Le Mont-Perdu, qui est au centre, est le point le plus culminant de ces groupes de rochers. En les prolongeant à l'Orient, jusqu'au mont Cadignan où les Pyrénées s'abaissent, il part une grande ramification qui, courant au Nord, arrive auprès de Langres, et, tournant à l'Est jusqu'à Béfort, redescend de

là sur Saint-Claude, d'où elle vient envelop-
per le Nord du lac de Genève, et s'attache, par
le Saint-Gothard, au grand massif des Alpes.

Pour compléter l'analyse géo-hydrographique
et physique de la Péninsule, il faut examiner le
parti que le gouvernement espagnol peut tirer, dans le cas d'une guerre, de la chaîne des
Pyrénées prise depuis Bayonne jusqu'à Perpignan.

Les difficultés que cette chaîne de montagnes
a présentées aux Français dans tous les temps,
ne sont des obstacles réels que relativement,
c'est-à-dire : 1° dans la supposition où les généraux espagnols pourraient former une armée
active capable de rejeter de l'autre côté des Pyrénées celle qui aurait pénétré sur le territoire
de la Péninsule ; 2° dans le cas où l'amour des
peuples leur assurerait les moyens de détruire
à main armée une partie des convois qui devraient journellement alimenter l'armée envahis-
sante, ainsi que nous l'avons vu lorsque Napoléon voulait asservir cette nation.

Il semble que la nature ait voulu ajouter encore à ces différens obstacles le cours des eaux :
par exemple, l'Èbre et tous ses affluens, dans
lesquels on doit compter la Sègre, présentent
des lignes défensives transversales capables de
mettre à couvert les corps d'armée qui auraient

été forcés d'abandonner, par un événement quelconque, les vallées étroites que forme le pendant des eaux dans cette masse énorme de roches des Pyrénées.

En se portant à l'Ouest, il est facile de voir quels avantages présente au gouvernement espagnol le cours du Douro, depuis sa source jusqu'à l'endroit où la Tormès réunit ses eaux à celles de cette rivière. Le grand canal qui prend près d'Aguil-Campol et qui finit à Ségovie, peut servir à couvrir la Galice et le royaume de Léon. Ces obstacles, ainsi qu'une chaîne de montagnes et une multitude de points défensifs peuvent arrêter la marche d'une armée sur Madrid.

Cependant, sur cette principale communication, on ne trouve que le château de Burgos capable de présenter quelque résistance aux corps mobiles qui voudraient pénétrer sur le grand plateau où est placée la capitale.

Avantages que le gouvernement légitime peut tirer de l'affection de ses peuples.

Nous venons de voir que le royaume d'Espagne est couvert par une chaîne de montagnes presque impraticables. Cette barrière est encore renforcée à l'Ouest par les forteresses de

Saint-Sébastien, de Fontarabie, de Pampelune et de Jaca. Au Sud, on y compte la Séo d'Urgel, Campredon, Figuères, Roses et Gironne. Toutes ces places commandent différentes vallées qui, partant des monts Pyrénées, conduisent dans le bassin de l'Èbre. On peut calculer la force de cette frontière par la résistance qu'elle opposa sous le gouvernement faible et pusillanime de Charles IV. On observera que les Français, à la suite des trois premières campagnes de la révolution, n'avaient pu pénétrer, d'un côté, que jusqu'à Vittoria, et de l'autre, à peine étaient-ils maîtres de la ligne de la Fluvia qui n'est qu'à quelques lieues de la frontière.

Tels sont les avantages qu'un souverain légitime peut tirer de la géographie de son royaume et de l'affection de ses sujets ; mais dès l'instant que des ambitieux s'emparent du pouvoir, il doit s'en suivre des déchiremens et des crises politiques qui, livrant l'État à l'anarchie, conduisent nécessairement au despotisme du sabre et détruisent cette union des peuples si desirable pour la défense du pays.

C'est ainsi que se présente, dans cet instant, la position de l'Espagne ; car la base défensive des Pyrénées et celle de l'Èbre vont devenir nulles, puisque les peuples de ces contrées sont divisés d'opinions, et qu'on a tout lieu d'espérer qu'il ne se trouvera pas un homme assez hardi et assez courageux à la fois, pour chercher à s'emparer du pouvoir, comme Cromwell en Angleterre et Buonaparte en France; il faut qu'un usurpateur soit déjà connu par de hauts faits d'armes qui puissent éblouir la multitude. Que nous présentent l'Italie et les Espagnes? Un homme ne marquant dans les fastes militaires que par une fuite honteuse, abandonnant son armée au moment du danger, et d'autres qui ne sont connus de l'Europe que par leurs parjures!

Nous croyons qu'il sera à propos, avant de passer au plan général de la campagne, de donner un aperçu des événemens qui ont amené la révolution dans les Espagnes, et qui, par conséquent, ont mis ce royaume dans la position où il se trouve maintenant, position qui doit influer sur les opérations de la guerre présumée.

Aperçu des événemens qui amenèrent la révolution dans les Espagnes.

L'invasion de l'Espagne par Napoléon Buonaparte rejeta sur Cadix une partie des membres du gouvernement provisoire que les malheurs des temps avaient formé. Cette nouvelle espèce de Cortès, quoique élue d'une manière illégale, fut reconnue par le besoin qu'on avait d'une autorité quelconque. Tout ce rassemblement crut cependant ne pouvoir jouer un rôle qu'en changeant la forme d'une monarchie qui comptait plusieurs siècles. Ces factieux improvisèrent un État mixte dont le chef avait moins de pouvoir que le président des États-Unis de l'Amérique.

Le retour du Roi dans sa capitale fit crouler en un instant une constitution que des révoltés voulaient imposer à leur souverain ; tout rentra dans l'ordre ; mais l'arrivée d'un prince si impatiemment attendu fut troublée en peu de temps par les besoins de l'État. Que pouvait-il demander à une nation qui n'avait cessé de sacrifier ses biens, sa liberté et même la vie de ses concitoyens pour retirer des fers une famille qui avait fait son bonheur ?

La félicité de Ferdinand VII fut promptement altérée, en voyant son peuple malheureux. Un malaise général se faisait sentir avec plus ou moins de force dans les différentes classes de l'État. Ce prince n'avait rien à donner à la foule dont il était journellement assiégé ; les uns sollicitaient des restitutions, les autres des indemnités : toutes les branches de l'administration souffraient également. A ces maux de toute espèce se joignait une guerre civile ; car on ne peut nommer autrement les efforts que faisaient les colonies de terre ferme d'Amérique, pour devenir libres et se soustraire aux entraves que la mère patrie mettait à leur commerce ; entraves qui ayant nécessairement cessé depuis l'invasion de la Péninsule, leur avaient procuré, durant quelques années, l'avantage de jouir d'un commerce indépendant. On doit observer que ces révolutions dans les colonies sont les suites inévitables d'une population qui devient trop nombreuse, et qui, dans tous les temps, a cherché à secouer le joug de la métropole.

Cette guerre avait déjà moissonné une grande quantité d'hommes et épuisé toutes les ressources extraordinaires que le gouvernement avait pu tirer des pays qui étaient pour la plupart ruinés de fond en comble. Les troupes qu'on destinait à ces expéditions lointaines étaient mal vêtues, mal nourries et mal payées. Officiers et soldats se plaignaient amèrement de leur position et ne marchaient qu'avec répugnance vers des contrées où leurs camarades n'avaient trouvé que la misère et la mort. Il est facile de passer des murmures à la révolte ; et, dans une semblable situation, parmi des masses réunies, il ne se trouve que trop souvent des ambitieux auxquels les parjures ne coûtent rien. Tous les moyens leur sont bons pour s'emparer du pouvoir; car ces mauvais citoyens ne voyent que cette route pour amasser des richesses. Il n'est donc pas étonnant qu'il se soit rencontré des Pepé, des Riégo, des Quiroga, des Mina, etc.

Les malheurs que le Roi n'avait cessé d'éprouver depuis son enfance durent le faire compatir à ceux de sa nation; mais il fut mal secondé dans les moyens qu'il voulait prendre pour y remédier. Le choix qu'il fit à plusieurs époques pour avoir un ministère capable d'arriver à ce but, ne fut pas heureux. Ceux en qui il mit sa confiance ne justifièrent point la bonne opinion qu'on lui avait donnée d'eux. Les uns ne montraient que de la pusillanimité; les autres, sans énergie, suivaient la marche routinière de ceux qu'ils venaient de remplacer, et presque toujours les rênes du gouvernement éfaient tenues par des hommes à vues courtes qui ne faisaient que prolonger le malheur général; enfin, dans cette foule d'ambitieux politiques, le Roi ne put découvrir un seul homme d'État.

Il est maintenant indispensable de jeter un coup d'œil sur l'esprit d'insubordination qui a éclaté dans la Péninsule. Les révolutionnaires, depuis le retour du Roi, n'ont pas cessé de miner le gouvernement monarchique: le supplice des Porlier , des Richard et des Lacy , tous gens qui voulaient même porter leurs mains sacriléges sur leur souverain , n'arrêta pas la marche de la Propagande ; elle n'en a pas moins continué de conspirer sous le vain prétexte d'avoir une représentation nationale : aussi, les Cortès sont-ils devenus, d'après ce système, un gouvernement de fait. Leur puissance n'est plus appuyée que sur la force, ce qui doit nécessairement amener la plus horrible des tyrannies.

Ce fut dans cette fâcheuse position qu'un mouvement insurrectionnel éclata dans l'île de Léon : il était difficile de prévoir que le soulèvement de quelques bataillons porterait un coup mortel à la monarchie. Cependant la révolte , après être restée quelque temps concentrée sur le même point, se développa dans tous les corps de l'armée avec une rapidité extraordinaire. Le Roi fut abandonné d'une partie des généraux auxquels il avait accordé une confiance entière ; les gardes-du-corps tergiversèrent avec leur devoir ; l'esprit révolutionnaire gagna quelques grands ; enfin tous les corps de l'État prirent une part plus ou moins active aux nouvelles idées ; ce qui amena en Espagne le renversement de la royauté et par suite le bouleversement de l'ordre social.

Les concessions que le Prince était obligé de faire journellement ne firent qu'enhardir les révolutionnaires. Chaque assemblée des Cortès emportait quelques lambeaux de la monarchie. De là s'en suit nécessairement des arrestations arbitraires ; les meurtres juridiques se multiplient à un tel point que ceux qui professent ouvertement leur amour pour l'ancien gouvernement doivent s'attendre d'en être les victimes ; le souverain même et ses frères ne sont pas à l'abri des dénonciations calomnieuses des plus forcénés démagogues.

Enfin le pouvoir des baïonnettes ayant formé des Cortès séditieux, les ministres nommés par ces assemblées se trouvent sous le couteau des Descamisados, puisque les membres de ce même corps législatif, qui ont des opinions moins exagérées, sont comprimés par les clubistes qui les menacent du fameux marteau.

Ainsi donc, toutes les opérations administratives et exécutives ne vous présentent plus que le type de la plus affreuse tyrannie, et ont dû nécessairement amener les réactions qui éclatent journellement sur plusieurs points de la Péninsule. C'est d'après cet état de choses qu'il est à propos d'examiner quels sont les moyens que ce gouvernement de fait peut déployer pour anéantir les efforts des amis de la monarchie.

Développement des moyens qui sont à la disposition des Cortès pour faire la guerre offensive et défensive.

Le principal foyer des défenseurs du trône et de la religion étant établi entre l'Èbre et la grande chaîne des Pyrénées, le pouvoir législatif et exécutif doit craindre que ces rassemblemens armés ne parviennent à former des corps en état de marcher sur la capitale, centre de la force physique et morale de la puissance révolutionnaire. Ces inquiétudes sont d'autant plus fondées, que c'est au milieu des places de guerre occupées par les troupes révoltées, que se sont mobilisées les divisions qui, jusqu'à ce jour, ont lutté contre les forces que le pouvoir exécutif a dirigées sur la Catalogne et la Navarre.

Le plan que ce gouvernement est forcé de suivre doit être de diriger une armée capable de disperser toutes les troupes royalistes que la régence provisoire organise dans les différentes vallées occidentales et orientales des monts Pyrénées.

D'après les principes de défense de l'Espagne, les généraux révolutionnaires prendront l'Èbre pour base de leurs opérations. Les forces que le ministère devra leur donner pour exécuter ce plan, ne pourront pas être au-dessous de 40 mille hommes, forces à peine suffisantes pour comprimer les ennemis de l'intérieur. Cela nous conduit à considérer quels sont les moyens que le pouvoir exécutif prendra pour former une armée aussi considérable sur cette partie du royaume : 1°. la levée du personnel et du matériel sera nécessairement augmentée ; 2°. il devra établir de grands magasins ; 3° le Trésor est-il capable de fournir à ces différentes dépenses ?

Dans une séance des Cortès, le ministre de la guerre a révélé qu'en octobre toutes les troupes de ligne n'atteignaient pas 50,000 combattans ; qu'il était urgent de former une armée de plus de 100,000 hommes, en comprenant les milices, et que, pour compléter cette masse, il en fallait lever 30,000.

Emploi des forces des révoltés.

En examinant l'emploi de ces forces, nous voyons qu'il faut au moins 30 mille hommes pour composer les garnisons des forteresses du royaume. On en peut compter 15 à 20,000 dans les dépôts, y compris les déserteurs. Plus de dix mille traîneurs ou dans les hôpitaux ; il est donc évident que les forces disponibles ne passeront pas 5o mille hommes chargés de comprimer les royalistes qui s'organisent dans l'Andalousie, le royaume de Grenade, la Manche, en Galice, dans la Biscaye, la Navarre, l'Aragon et la Catalogne. Quelles entreprises les généraux révolutionnaires pourront-ils faire avec d'aussi faibles moyens ? Étant obligés d'avoir des corps à Séville qui opéreront sur le Guadalquivir, d'autres dans le royaume de Valence et dans les montagnes des Asturies ; enfin, une forte réserve dans les environs de Madrid, chargée de garder tous les débouchés de la Sierra de Guadarrama, pour empêcher que quelques guérillas ne viennent, par différens côtés, alarmer la capitale. D'après ces dispositions, il est de toute impossibilité que les armées actives, qui doivent manœuvrer dans le bassin de l'Èbre et sur les bords de la Ségre puissent présenter plus de 25,000 combattans.

Nous supposons qu'une partie des forces royalistes soit battue et forcée de se diviser, le germe de la réaction n'en existerait pas moins, et les troupes révolutionnaires seraient harassées par les marches et contre-marches qu'elles seraient forcées de faire contre les guérillas qui toujours cherchent à couper les lignes d'opération ; qui enlèvent les convois et les petits détachemens ;

enfin qui feraient une guerre aussi destructive
que celle à laquelle les armées françaises ont été
exposées pendant l'invasion. Cependant les forces
de Buonaparte étaient commandées par des généraux d'un talent plus distingué que ceux des révoltés.

---

*Observations sur la formation des magasins
des révoltés.*

La question que nous venons de discuter va
se représenter sous le rapport des subsistances.
Les grands dépôts de vivres doivent être placés
en arrière de la rive droite de l'Èbre. Ces dépôts
serviront à former les magasins établis dans les
villes situées sur ce fleuve qui est la principale
base d'opérations des généraux révolutionnaires;
car, sans magasins, il serait impossible de mouvoir les armées des Cortès.

Comme on ne pourra trouver, dans les contrées
ruinées de la gauche de l'Èbre, les productions
nécessaires à la formation de ces magasins, on
sera forcé de tirer les subsistances de la vieille
Castille, de la Guadalaxara et de la partie de
l'Aragon située sur la droite de ce fleuve. En
raison de ce qu'il ne se trouve, ni grandes rivières

qui puissent servir à leur arrivage, ni communication praticable, il faudra beaucoup de temps et des équipages de vivres très-nombreux, pour empêcher que le service ne manque. On doit observer que le moindre retard dans leurs convois paralisera toutes les opérations offensives exécutées sur le haut et sur le moyen Èbre.

Les mouvemens que les généraux ennemis voudront exécuter entre la Sègre et la Méditerranée n'éprouveront pas les mêmes obstacles, puisque les magasins seront alimentés par mer : ainsi Tortose, Taragone, Barcelonne, Roses et même Gironne renfermeront dans leur sein une partie des munitions de guerre et de bouche nécessaires à une armée active.

Développement des ressources que présentent les finances.

Le gouvernement royal, durant les années qui précédèrent la révolution espagnole, n'a jamais pu suffire, avec les revenus de l'État, à faire face aux dépenses exigées par les différentes branches de l'administration. Les roubles de la Péninsule viennent d'ajouter encore à cet embarras , en paralysant le peu qui restait de commerce extérieur et intérieur; par suite de ces mêmes troubles , les propriétés ont été mal cultivées , et par conséquent ces différentes causes ont dû amener dans les finances un déficit de près de moitié. Une défiance générale , étant la suite inévitable des désordres révolutionnaires, a fait disparaître de la circulation une partie du numéraire. C'est afin de remédier à cette pénurie d'argent que les Cortès ont mis en vente beaucoup de biens ecclésiastiques; mais cette mesure n'a produit qu'un effet médiocre, attendu que la masse de la nation , étant très-attachée à sa religion, n'a vu dans ces ventes qu'une spoliation des propriétés du clergé.

Les emprunts faits en Espagne n'ont pas été remplis, et ceux qui ont été opérés chez l'étranger ont à peine produit la moitié des sommes demandées. Cependant les besoins de l'État s'augmentent chaque jour , et les Cortès se voient obligés de n'employer l'argent qui rentre dans les caisses du gouvernement qu'aux soldes militaires; car ils savent bien que l'or est leur plus puissant auxiliaire, et que sans lui ils se verraient bientôt abandonnés.

Les 30 mille hommes demandés par le ministre de la guerre pour compléter l'armée des rebelles, exigeront une dépense de plus de 60 millions (1). Quelle somme faudra-t-il encore pour se procurer les 20 mille chevaux nécessaires aux équipages des trains d'artillerie, de vivres, etc. On se demande où se trouveront ces fonds?

Dans une position aussi embarrassante, le gouvernement de fait sera forcé de créer du papier-monnaie. Dès cet instant, il ne circulera plus un écu ; tout deviendra d'une excessive cherté ; enfin les descamisados forceront le pouvoir législatif d'employer la terreur pour établir un *maximum*. Ce ne sera donc qu'avec du sang qu'on cimentera cette loi.

Quelle est la nature de la guerre à exécuter dans la Péninsule.

La guerre, qui doit être la suite des considérations précédentes, sera-t-elle une guerre d'invasion ou une guerre méthodique?

1° Elle doit être d'invasion, si la masse des habitans entre les Pyrénées et la capitale prend une part active aux efforts que les souverains déploieront pour relever la monarchie.

----

(1) Le budget pour cette dépense, qui a été présenté aux Cortès, est de 247,000,000 de réaux.

2° Elle devrait être faite d'après les principes stratégiques, si la population restait neutre.

3° Il peut se présenter une troisième manière de considérer cette guerre, c'est-à-dire qu'elle pourrait être mixte ; car, si les habitans entre les Pyrénées et l'Èbre étaient les seuls qui se déclarassent pour la cause royale, et que le reste de la population se prononçât pour la révolution, les combinaisons militaires devraient changer.

Ainsi les généraux français, après avoir franchi les Pyrénées, feraient mouvoir leurs colonnes excentriquement, afin de donner plus de développement à l'invasion qui aurait lieu dans la Navarre, l'Aragon et la Catalogne. La concentration des armées se ferait sur les bords de l'Èbre ; mais, après le passage de ce fleuve, les manœuvres devraient être basées d'après les maximes de la grande guerre.

Ici se représente, sous le rapport militaire, une question politique qui a déjà été abordée, mais dont celle-ci est le complément : Quelles sont les puissances qui doivent concourir à former l'armée expéditionnaire ? La géographie suffirait pour y répondre ; car la position de la France la destine à jouer le premier rôle. L'Autriche, par ses possessions en Italie, peut la seconder, en employant quelques corps de troupes à opérer des diversions sur les côtes espagnoles de la Méditerranée.

On demande encore quelle est la force de l'armée qui serait employée à cette expédition.

1° Elle doit être proportionnée aux masses supposées que l'ennemi peut déployer devant vous.

2° On doit prendre en considération les ressources que peuvent présenter les pays où vos troupes doivent opérer. Il est prouvé que les contrées montagneuses et mal cultivées des Espagnes ne permettent qu'à des armées peu nombreuses de parcourir des distances considérables.

D'après ces divers motifs, l'armée expéditionnaire sera au moins de soixante à soixante-dix mille hommes, sans compter les réserves (1).

Les magasins que l'on établirait devraient être formés des productions de la France. Celles que l'on pourrait tirer des contrées que l'on occuperait devraient être payées comptant. La politique ainsi que l'humanité commanderaient de ne point fouler les habitans; car les moyens

______

(1) Le calcul que nous venons de présenter, est confirmé par les paroles du Roi, qui vient de dire à l'ouverture de la session, que l'armée qu'il destine à faire l'invasion de l'Espagne sera de 100 mille Français.

violens ne manquent jamais d'aliéner l'esprit des peuples.

Il est hors de notre sujet d'examiner qui ferait les frais de cette campagne. Si la guerre est commandée pour la sûreté de l'ordre social, qu'importe que ce soit un ou plusieurs gouvernemens qui en fassent les avances.

Quelle est l'époque où la guerre d'Espagne doit s'entreprendre.

On se demande si ce serait dans cet instant, ou dans une saison plus favorable, que devraient commencer les hostilités ?

La réponse à la première question est subordonnée au rassemblement de nos forces actives, ainsi qu'au matériel destiné à cette opération. Plusieurs personnes instruites croiront peut-être que la difficulté de franchir une partie des cols des Pyrénées dans cette saison serait un obstacle presque insurmontable ? Nous répondrons qu'il est vrai que les vallées de ces groupes de rochers sont comblées pár des neiges ; mais, dès le moment où le froid a une certaine intensité, les routes se frayent et les défilés deviennent plus praticables ; par conséquent les colonnes peuvent franchir ces cols.

On peut citer pour exemple que des corps nombreux d'armées française, autrichienne et russe ont parcouru, au plus fort de l'hiver, des vallées b en autrement profondes, tant dans la Suisse que dans le Tyrol; qu'ainsi ces craintes deviennent chimériques.

Enfin, comme c'est toujours la difficulté de pouvoir faire vivre les troupes, quand elles auront débouché des montagnes qui couvrent la Catalogne, on pense qu'il serait possible de surmonter cet inconvénient, en faisant porter à vos soldats du biscuit pour une dixaine de jours. Ils n'aiment pas, il est vrai, cette nourriture; mais si l'on a la précaution de leur donner quelques tablettes de bouillon, ce mélange procurera à vos hommes une nourriture saine qui leur donnera la force de supporter la fatigue de quelques marches à faire dans ces pays montueux.

On répondra ensuite à la seconde supposition, que la guerre commencée dans une saison plus favorable aux mouvemens des armées, présenterait cependant le désavantage de laisser à votre ennemi le temps d'organiser ses moyens de défense, ce qui pourrait alors la rendre plus longue et plus hasardeuse. Nous croyons donc qu'il faudrait ouvrir la campagne le plus tôt possible; car il est de principe général qu'*à la*

guerre, le temps perdu se répare difficilement.
Tous les grands généraux ont constamment
suivi cette maxime.

Observations sur la défense naturelle et artificielle
des monts Pyrénées relativement à l'Espagne.

Quoique les hautes Pyrénées soient d'un tiers
moins élevées que le grand massif des Alpes,
elles sont cependant, une partie de l'année, cou-
vertes de neige, et forment, au nord de ces
groupes de montagnes, les réservoirs de l'A-
dour, de la Garonne, de l'Arriége et de l'Aude.
Aux revers méridionaux de cette chaîne, on trouve
ceux de l'Èbre, de l'Aragon, du Gallego, de la
Noguera et de la Sègre, ainsi qu'une multitude
d'afflures qui s'échappent de ces diverses masses
de rochers. Il est donc facile de voir que, dans
le système militaire, les Pyrénées deviennent
nécessairement une base d'opérations offensives
ou défensives, suivant les forces que les deux
nations peuvent développer à différentes époques.

On a réuni l'art à la nature pour perfection-
ner la défense des Pyrénées espagnoles contre
les ingressions étrangères. La grande chaîne de
ces monts présente pour barrière, plusieurs ba-

ses d'opérations. Si l'on examine les Pyrénées qui orientales, on retrouve une première ligne définitive, qui part de la vallée de la Sègre et se prolonge jusqu'à la mer Méditerranée. Ce val de la Sègre est commandé par le fort d'Urgel. Dans la vallée du Ter, on trouve celui de Campredon et de Castelfollit. Le reste de la ligne est défendu par Figuères et Roses.

La seconde ligne est formée en partie par la rivière du Ter qui a Gironne placée sur ses bords. La gauche est renforcée par la mauvaise place d'Ostalrich. La troisième commence aux débouchés des défilés de la Sègre. Dans la plaine, on trouve Balaguer, véritable bicoque, et la forte place de Lérida; cette ligne finit à Barcelonne, dont le port donne la facilité d'établir les grands dépôts de l'armée. Taragone commande la grande communication qui se prolonge sur Valence.

La défensive que les généraux espagnols peuvent prendre est le cours de l'Èbre; Saragosse se trouve au centre, et Méquinenza au confluent de la Sègre. La forteresse de Tortose domine le cours de ce fleuve et la grande route.

Si nous nous reportons à l'ouest des monts Pyrénées, nous retrouvons, sur cette partie de la frontière espagnole, plusieurs cols où commencent différentes vallées ; Jaca couvre celle de l'Aragon et de Saragosse , pendant que la place de Pampelune commande les défilés de Bastan et de Roncevaux, de même que les forteresses de Fontarabie (1) et de Saint-Sébastien défendent la grande route de Bayonne à Madrid. Tous ces moyens réunis, à peine bons pour lutter contre les royalistes, deviennent insuffisans lorsqu'il s'agit d'une guerre avec la France.

Développement des forces des révolutionnaires contre la France et leur plan de campagne.

Avant de développer les plans que nous présumons devoir être combinés par les généraux français pour pénétrer jusqu'à Madrid, il nous semble nécessaire d'analyser les ressources que les Cortès peuvent employer pour conserver leur pouvoir tyrannique.

Le gouvernement révolutionnaire espagnol doit voir que l'orage qui menace d'anéantir sa puissance partira des monts Pyrénées. C'est donc sur cette frontière qu'il dirigera la plus grande partie de ses forces actives qui, d'après cet événement, ne seront plus suffisantes pour la mettre

---

(1) Cette place a eu une partie de ses fortifications détruites.

à couvert; car que pourront faire une vingtaine de mille hommes qui seront sans doute répartis le long des monts Pyrénées, contre une soixantaine de mille français prêts à franchir cette grande chaîne de montagnes ?

Il faut donc supposer que le pouvoir exécutif des factieux emploiera tous ses moyens pour former une armée qui lui présente l'espoir de repousser l'invasion projetée : le ministère se servira même de la violence pour faire marcher à la défense du Nord de la Péninsule le plus de monde possible, ainsi que tous les corps de troupes chargés de comprimer les réactions royalistes qui pourraient éclater sur plusieurs points du royaume. Mais comme ses ressources se trouveront presque épuisées, nous ne pensons pas qu'ils puissent réunir sur la ligne de l'Èbre plus de 70,000 hommes. Comment, avec d'aussi faibles moyens, pourront-ils masquer les vallées qui partent des Pyrénées ?

Il est encore de toute impossibilité que l'armée qui opérerait sur cette ligne puisse atteindre 45,000 combattans, puisque les généraux des Cortès auront été obligés de jeter plus de 30,000 hommes dans les dix-sept places établies le long de cette chaîne de montagnes. Ils ne pourront donc guère espérer, avec d'aussi faibles masses, de défendre les communications placées à l'extrémité orientale et occidentale de cette longue suite de rochers.

Il faut aussi supposer que le comité de la guerre basera sa défense sur de bons principes; il est vraisemblable qu'il destinerait sa gauche à prendre l'offensive, et que sa droite resterait sur la plus stricte défensive. Pour cet effet, leurs généraux ne laisseront qu'une douzaine de mille hommes en Catalogne; ce petit corps disputera pied à pied les diverses lignes formées par les afflures qui se jettent dans la Méditerranée.

Comme ces lignes peuvent être prises à revers par les corps français qui déboucheraient en même temps des vallées de Campredon et de la Sègre, les révolutionnaires, voulant éviter tout engagement sérieux, seraient forcés de regagner à tire d'aile, par la traverse, Lérida, et de-là se dirigeraient sur Méquinenza, position qui assurerait leurs communications avec Tortose et Saragosse.

Les événemens de la guerre forçant vraisemblablement ce corps d'abandonner la ligne du Bas-Èbre pour se couvrir de la chaîne de montagnes qui le séparerait de Madrid, il prendrait une position capable de défendre de ce côté les approches de la capitale. Alors, de ce point, il lui serait facile de se concentrer avec l'armée opérant précédemment sur la Bidassoa, mais qui aurait déjà été rejetée sur la Sierra de Guadaramma.

3..

Pour compléter la défense du Nord de l'Espagne, nous nous reportons dans le vallon du
Haut-Èbre, où nous supposons que se trouvent les
principales forces des Cortès, qui devront combattre la partie de l'armée française destinée à
occuper Madrid. D'après ce plan, les généraux
ennemis seraient encore obligés de diviser ces
30,000 hommes en deux parties, dont 5 ou 6,000
seraient chargés de défendre les vallées étroites
qui couvrent Pampelune. Dans la supposition
que ce faible corps soit refoulé de ces défilés
dans la plaine, il tâcherait d'appuyer une de ses
ailes à cette forteresse, ayant cependant soin de
ne pas se laisser couper de la ligne de l'Èbre; car
ils savent bien que les Français feront tous leurs
efforts pour les rejeter sur le Bas-Aragon (rivière);
ce qui empêcherait sa concentration dans les
plaines de Vittoria avec le reste de l'armée chargée de défendre la Navarre.

Ces dispositions ne laissent plus qu'une masse
de 25 mille hommes au général des Cortès, qui
devrait disputer le passage de la Bidassoa contre
des forces plus considérables. Si les Espagnols
étaient déplacés des différentes positions que les
contre-forts de la grande chaîne des Pyrénées-
Occidentales leur présente, il ne s'offrirait plus
de chance pour empêcher l'armée française de
prendre la position de Vittoria, qu'en acceptant

une bataille, après avoir préalablement rallié le corps qui couvrait Pampelune. Et si les révolutionnaires la perdaient, ils n'auraient de ressources qu'en se repliant promptement derrière la chaîne des montagnes qui couvrent Burgos. Il est présumable que l'arrière-garde de l'armée serait compromise.

Les révoltés rassembleraient sans doute tous leurs moyens pour défendre la Sierra de Guadarrama, dernière barrière qui couvre Madrid. Aux débouchés de ces montagnes, leurs généraux devraient livrer une seconde bataille, et s'ils la perdaient, la révolution est finie ! Tout rentre sous le gouvernement légitime.

Considérations sur les lignes défensives qui couvrent la frontière méridionale de la France.

Nous croyons qu'il n'est pas indifférent de présenter aux lecteurs une analyse raisonnée des ressources qu'offre à la France le grand massif des Pyrénées, dans la supposition que les Espagnols tentassent l'invasion de notre territoire. On suppose que cette invasion aurait lieu par les Pyrénées. Le royaume est couvert par la Garonne, qui est une ligne de défense très-forte ; elle s'étend jusqu'à Toulouse, et se prolongerait derrière le canal du Midi jusqu'à Carcassonne ; delà suivrait le cours de l'Aude, où elle rejoint la Méditerranée. On a une idée exacte de la défense hydrographique occidentale de la France, en considérant que, dès que l'ennemi descendra de ces hautes montagnes, il se trouvera immédiatement arrêté par la Bidassoa, la Nive, les gaves d'Oléron, de Pau et l'Adour.

Nous avons vu, à la fin de 1813 et au commencement de 1814, le parti que le maréchal Soult tira du cours de ces rivières pour retarder l'invasion de cette partie du royaume : ce qui força Wellington de manœuvrer long-temps avant de pouvoir déboucher des vallées étroites des Basses-Pyrénées.

—————

La grande et superbe route de France à Madrid, et les défilés de Bastan et de Roncevaux, sont masqués par Bayonne, Saint-Jean-Pied-de-Port, Navarrins et par les forts d'Andaye et de Socoa. On doit observer que ce système de défense des petites rivières deviendrait nul dès l'instant où l'ennemi, vous étant très-supérieur, parviendrait à franchir ces cols, ainsi que cela est arrivé en 1814.

Pour déboucher des Hautes-Pyrénées, soit en France, soit en Espagne, il faut nécessairement passer des cols arides et rocailleux, qui laissent à peine à des communications étroites la facilité de pénétrer dans l'un ou l'autre royaume. Les principales sont celles de la Noguera, qui mène dans l'Arriège, celle d'Ainsa à Barrège, et de Jaca à Pau. Le général Clausel fut heureux en 1813, après la bataille de Vittoria, de prendre la communication qui conduit à ces deux points, en traversant par le val d'Osseau, qu'il ne parvint à passer avec ses deux divisions qu'avec des peines infinies.

Quant aux Pyrénées-Orientales, cette chaîne a pour barrière, en première ligne, Collioure, Port-Vendre, Bellegarde, Prats de Mollo et Mont-Louis. La seconde ligne se forme de Perpignan, du port de Salces et de Villefranche; cette partie de la frontière est donc couverte par toutes ces places. Celles de première ligne commandent les vallées étroites de l'Aude, de la Ségre, du Tet et du Tech qui se jettent dans la Méditerranée, ainsi que celles de l'Arriège et de la Garonne qui a son embouchure dans l'Océan. Telle est la défense naturelle et artificielle que la France peut, dans tous les temps, opposer aux attaques des Espagnols.

Plan général de la campagne et observations sur le parti qu'on peut tirer des royalistes espagnols.

La configuration de ce théâtre de guerre offre un développement considérable. Les plans doivent être calculés d'après les difficultés que présente la topographie des monts Pyrénées : ainsi cette longue et énorme chaîne de rochers sera, comme dans tous les temps, la base offensive des combinaisons militaires. Madrid est l'objectif où doivent aboutir tous les mouvemens stratégiques ; vous n'avez à prendre, pour exécuter vos projets, que deux lignes d'opérations. Celle qui part des Pyrénées-Orientales est diagonale, relativement à la capitale, tandis que celle des monts orientaux suit une ligne directe, mais qui vous oblige à franchir une triple chaîne de montagnes.

Quand on a bien examiné et discuté les avantages et les inconvéniens que présente l'ensemble des opérations, il paraît difficile de croire que l'on ne préférera pas de rassembler la plus grande partie de ses masses sous Bayonne, pour de-là entreprendre de marcher sur Madrid. La portion de vos forces qui sera concentrée en avant de Perpignan, ne sera chargée que des opérations secondaires.

Nous croyons qu'il convient, à la suite du plan général, de mettre sous les yeux des lecteurs les avantages que la France peut tirer de l'esprit royaliste qui anime une partie de la population placée entre les monts Pyrénées et l'Èbre.

Dans la guerre qui se prépare, la régence provisoire (1) serait chargée, surtout en Catalogne, en Aragon et en Navarre, etc., de former des cadres de régimens où entreraient les sujets fidèles. Ce noyau composerait plus tard l'armée royaliste espagnole. La régence organiserait encore des guérillas, et les généraux français dirigeraient les mouvemens de ces forces pour qu'ils se pussent coordonner avec les grandes opérations militaires.

Manœuvres du corps d'armée français opérant sur les Pyrénées-Orientales.

Maintenant que nous avons offert à nos lecteurs l'ensemble du plan général que nous croyons être le plus convenable, nous allons développer ceux qui doivent être exécutés par chaque corps d'armée placé aux extrémités des Pyrénées.

----

(1) La régence vient d'être forcée de quitter la Seu d'Urgel, et de se réfugier en France.

Les vingt mille Français chargés d'opérer sur les Pyrénées-Orientales se trouveraient toujours au moins d'un tiers plus considérables que le corps des révoltés, attendu les difficultés que ceux - ci éprouveront à en rassembler un plus nombreux.

Les principes de l'art de la guerre vous commandent de prendre *l'initiative le plus tôt possible* ; il faudra donc que vos mouvemens soient combinés de manière à tenir en échec les principales forces de l'ennemi, dans le même temps que vous tâcherez de le couper dè Lérida et de Méquinenza ; manœuvre qui le refoulera sur Barcelonne, ou au moins le rejettera sur Tortose, ce qui l'empêcherait de se porter sur Madrid.

D'après ces considérations, il faut examiner quel est le développement que présente la base d'opérations à prendre. Cette base part de la vallée de l'Arriége et se prolonge jusqu'à la mer.

Les avantages de cette position sont : 1° d'avoir les points fortifiés de Mont-Louis et de Villefranche qui commandent le val de la Sègre ; 2° celui de Prats de Mollo placé sur la communication qui conduit à Campredon dans la vallée du Ter ; 3° la forteresse de Bellegarde qui coupe la grande route de France en Catalogne ; 4° enfin le chemin qui franchit le col de Banyuls à Roses est commandé par Collioure.

L'objectif est Saragosse sur le Moyen-Èbre, ou Tortose sur le Bas-Èbre. Les lignes d'opérations se réduisent à deux principales, comme dans les Basses-Pyrénées.

Celle qui se trouve devant la droite de votre centre mène sur le Moyen-Èbre.

Les mouvemens stratégiques, pour déployer dans la plaine, doivent être basés d'après les principes qui commandent de *mouvoir vos colonnes de manière à venir se concentrer sur un point quelconque.* Une partie de vos colonnes ne pouvant pénétrer que par la Cerdagne, de forts détachemens se dirigeraient le long de la vallée de la Sègre, tandis qu'un corps manœuvrerait dans la direction de Campredon. Afin de faciliter le développement des attaques, toute la gauche française chercherait à donner des inquiétudes à l'ennemi sur son front.

Le lecteur a vu plus haut avec quelle peine les révolutionnaires parviendront à rassembler dix à douze mille hommes pour défendre la Catalogne. Leurs généraux doivent chercher à masquer la principale communication ; à cet effet ils ne manqueront pas de prendre pour ligne défensive la Muga, et, dans cette supposition, la gauche espagnole est couverte par le contre-fort qui forme la vallée de Campredon. Figuères et Roses renforcent ces positions : ainsi ce corps n'aurait rien à craindre sur son front, et ces dispositions seraient bonnes, si la disproportion des forces entre les deux partis n'était aussi grande ; mais, en raison de la supériorité numérique des Français et de la bonté de leurs troupes, ils pourront déborder la gauche des révoltés et les chasser de la position de Campredon, en tenant cependant en échec le centre. Une fois qu'ils seront maîtres de la tête de la vallée du Ter, il la prolongeront et tourneront les lignes de la Muga et de la Fluvia.

On ne doit pas compter cependant que l'ennemi fera la faute de défendre même les bords de la Llobregat ; car le moindre retard dans ses mouvemens de retraite, l'exposerait à ne regagner que l'embouchure de l'Èbre. Dans le cas où le corps ennemi parviendrait à Saragosse, il chercherait à couvrir ce point stratégique ; mais les généraux français, en manœuvrant sur l'un de leurs flancs, en même-temps que les guérillas les inquiéteraient sur leurs derrières, les forceraient bientôt à se replier dans les environs de Siguenza.

Du moment que les Espagnols auront été rejetés des bords de l'Ebre, il faudra surtout faire occuper à une division la position de Méquinenza, qui est au confluent de la Sègre et du fleuve. Ce point militaire est aussi avantageux pour la défensive que pour l'offensive.

La retraite du corps ennemi permet d'exécuter une partie du plan général, qui est de prendre des établissemens solides sur le Bas-Èbre. L'avantage de cette position ne serait senti que dans une seconde campagne, s'il arrivait qu'il fallût la faire ; mais toutes les probabilités font croire qu'il n'en faudra qu'une pour rétablir la monarchie.

On observe que la division des révolutionnaires employés en Catalogne, a dû se renforcer de tout ce qu'elle a pu tirer des places de cette province ; qu'ainsi les garnisons qu'ils y laisseraient ne pourraient faire une grande résistance. On peut même présumer qu'elles ne seraient pas mieux approvisionnées de vivres. Le départ des révoltés faciliterait donc aux masses françaises l'avantage d'attaquer quelques-unes des forteresses de ces contrées, ce qui vous rendrait maîtres de la vallée de la Sègre et de la ligne de l'Èbre-Inférieur.

On occuperait provisoirement Figuères, Gironne, Vich, Tortose, Lérida et le fort d'Urgel. Quant aux places de Roses, Barcelonne, Tarragone et différens autres forts, la régence chercherait à s'en emparer, en les bloquant avec les corps nouvellement organisés, soutenus par une partie des paysans. C'est dans un de ces points fortifiés qu'elle établirait le gouvernement provisoire. Si contre toute vraisemblance, on était obligé de faire un mouvement rétrograde, l'occupation de ces places assurerait la retraite.

Nous allons examiner la question sous un autre point de vue : en supposant que les attaques des Français ayant été repoussées sur tous les points, ils soient forcés de se replier sur la chaîne des Pyrénées-Orientales, ils prendraient alors une position défensive sur la ligne du Tech ; leur droite inquiéterait toujours les ennemis dans les vallées de Campredon et de la Ségre. On n'aurait encore rien à craindre pour le centre et la gauche, vu la faiblesse du corps espagnol, puisqu'il manquerait de matériel pour s'emparer de Bellegrade avant d'entreprendre un mouvement offensif.

***

Opérations du corps d'armée français dans les Pyrénées-Occidentales.

La guerre devant être regardée comme inévitable, les quarante mille hommes, soutenus par une forte réserve, que le gouvernement français destinerait à marcher sur Madrid, doivent le plus tôt possible prendre l'initiative sur la ligne des Pyrénées-Occidentales.

En considérant quel est le développement de la base d'opérations offensives des Français, on voit qu'elle se forme de la Nive depuis la mer jusqu'au delà de Saint-Jean-Pied-de-Port. L'objectif des généraux qui commandent ses forces est Vittoria ou Tudela, point qu'il faut absolument occuper sur la ligne du Haut-Èbre, avant de chercher à pousser vos conquêtes jusque sur la capitale.

Pour exécuter ce plan de campagne, il est nécessaire de jeter un coup-d'œil sur l'ensemble des communications que présentent les localités de ces groupes de rochers. Ce pays n'offre que deux lignes d'opérations : celle de droite suit tout naturellement la grande et belle route qui conduit de Bayonne à Burgos ; elle doit servir au transport du nombreux matériel de l'armée, ainsi qu'aux énormes convois de munitions de guerre et de bouche qui doivent journellement alimenter une masse d'hommes aussi considérable, obligée de parcourir des pays pauvres et coupés par de grandes chaînes de montagnes.

La seconde ligne qui s'offre devant la gauche de l'armée n'a pour communications que les vallées étroites de Roncevaux et de Bastan avec plusieurs petits vals. Comme il faut absolument franchir ces cols, les difficultés que présentent ces différens passages gênent horriblement le transport des trains d'artillerie. Avant 1813, on eût difficilement cru qu'une armée pût passer par de tels défilés ; mais le maréchal Jourdan, après la perte de la bataille de Vittoria, fut obligé de faire sa retraite par ces chemins remplis de fondrières, et ses embarras étaient encore augmentés par les attaques de l'aile droite de Wellington dont le maréchal était suivi. Cela nous prouve qu'il y a telle position où l'on surmonte tous les obstacles, lorsqu'il s'agit de sauver ses troupes d'un grand désastre.

D'après la topographie de ces vallées, il est vraisemblable que la plus grande partie des masses françaises rassemblées sous Bayonne serait employée à forcer le passage de la Bidassoa. Le général destinerait son centre et sa droite à cette opération qui présenterait cependant de grandes difficultés, puisque les colonnes de la principale attaque ne pourraient agir que dans un terrain aussi resserré que l'est celui qui se trouve entre le pied des contre-forts des Pyrénées et la mer.

Cette chaîne de montagnes obligera le commandant en chef de mouvoir ses masses excentriquement ; il dirigera donc trente ou trente-cinq mille hommes entre le grand massif de ces monts et le golfe de Gascogne, ainsi que les huit ou dix mille restans sur les défilés de Pampelune. Son armée n'aura à lutter que contre à peine vingt-cinq mille ennemis mal armés, et dont les trois quarts seront de nouvelles levées.

Il est à croire que les forces françaises ne manqueront de rien pour l'ouverture de la campagne, ce qui contribuera à leurs succès ; le général en chef cherchera donc à forcer le passage de la Bidassoa, et, vû sa supériorité, il lui sera facile d'attaquer et de tourner en même temps la position que les Espagnols *auraient dû prendre*. Cette opération ne serait pas une violation des principes, puisque les colonnes marcheraient très-rapprochées, vû le peu de développement que présenteraient les forces ennemies. Dès qu'on aura franchi cette petite rivière, on poussera les révolutionnaires vivement au-delà de Tolosa, où l'on prendra position. C'est de ce poste qu'on devra détacher un grand corps d'infanterie chargé de s'emparer de Saint-Sébastien : car, sans l'occupation de ce point fortifié, il serait imprudent de vouloir entreprendre de forcer les passages de la grande chaîne des Pyrénées qui conduisent à Vittoria. Il est indispensable de déplacer les Espagnols des positions qu'ils auront vraisemblablement prises derrière la Doba. Du moment qu'on aura forcé ce passage, on enverra une forte division capable de bloquer en même temps Bilbao et de repousser les forces ennemies qui chercheraient à déboucher du bassin formé par les montagnes de la Biscaye et du golfe de Gascogne.

Dès que ces places seront bloquées ou observées, l'armée prolongera son mouvement offensif sur Mondragon et Salinas. Ce ne pourrait être qu'après des combats plus ou moins sanglans, que l'on parviendrait à emporter le Col de Villarcal; de là on s'emparerait de suite de la position de Vittoria. De ce point, il est facile de s'étendre dans le bassin du Haut-Èbre.

Si les généraux révolutionnaires voulaient combattre aux environs de Vittoria, ils rappelleraient sans doute tous leurs détachemens pour frapper un de ces grands coups qui parviennent quelquefois à vous faire reprendre l'offensive, si cependant la fortune vous est favorable. D'après ces considérations, ils rallieront, s'il est possible, le corps qui était dans les environs de Pampelune; ainsi, avec toutes leurs forces, ils viendront vous présenter bataille.

L'acceptation de cette bataille est subordonnée aux avantages que vous en pouvez tirer; car, si par des manœuvres, il vous est facile de rejeter l'ennemi derrière la chaîne des montagnes qui forment le bassin du Douro, il vaudra mieux employer ces moyens qui épargnent l'effusion du sang et dont les résultats sont les mêmes pour vous.

Cette observation est cependant encore soumise aux mouvemens hasardeux que l'ennemi peut faire. S'il se plaçait dans une position qui exposât une partie de ses masses à être anéantie, telle qu'une fausse manœuvre qui compromettrait une de ses ailes ou son centre, il faudrait s'empresser d'en profiter; car une bataille perdue le rejetterait de suite sur la capitale : celles d'Ulm, de Iéna et de Waterloo seront toujours citées, dans les fastes militaires, comme preuves de cette assertion.

L'exécution des opérations dirigées sur les bords de la Bidassoa et celles qui auraient pour objet de franchir les cols qui mènent à Vittoria, éprouveraient de grandes difficultés si les huit ou dix mille hommes dont serait composée l'aile gauche française ne parvenaient point à couper la base d'opérations ennemies en traversant les vallées de Salezar et de Roncevaux pour s'emparer de Sanguesa ou de la route transversale de Roncevaux qui vient aboutir à Pampelune. L'âpreté de ces communications réduirait les combats qui s'y livreraient à des affaires de postes. Ce n'est donc qu'en débordant un ad-

4..

versaire, qui ne peut présenter qu'un corps de cinq à six mille hommes, qu'on parviendrait facilement à le déposter des retranchemens qu'il aura vraisemblablement fait construire pour défendre ces vals.

Cette aile française devrait être renforcée au besoin par un corps d'infanterie tiré de la réserve. Nous supposons que l'ennemi défende avec opiniâtreté la vallée qui se dirige sur Pampelune; on pourrait alors le tourner, en se portant à Sanguesa qui est sur l'Aragon. Si votre adversaire a étendu sa ligne jusque sur cette rivière, ce mouvement excentrique diviserait ses masses et vous permettrait d'en profiter en cherchant à déboucher sur la gauche de Pampelune : dans l'un ou l'autre cas, vous rejetteriez votre ennemi sur l'Argo et de là sur l'Ega. Ainsi les deux corps français auraient la facilité de faire leur concentration dans les plaines au-delà de Vittoria, et l'armée espagnole serait obligée de prendre le Haut-Èbre pour seconde base défensive.

Dans le même temps que l'armée française se disposerait à forcer le passage des Pyrénées sur le point de Villarcal à Luco, une douzaine de mille hommes de la réserve viendraient relever le corps qui eût été chargé d'occuper la position de Bilbao, ainsi que ceux qui observaient Saint-

Sébastien, Fontarabie et Pampelune : cette opération mettrait donc à la disposition du général une quarantaine de mille hommes qu'il pourrait grouper en avant de Vittoria.

Les mouvemens stratégiques dont nous venons de tracer l'esquisse, semblent être contradictoires avec le principe *qui défend de former deux lignes d'opérations quand elles sont séparées par des obstacles, qui empêchent les colonnes de se secourir mutuellement, avant d'être arrivées au point de leur concentration.* Mais l'application de cette règle, dans la circonstance présente, se trouverait fausse; car une de vos colonnes ne pourrait pas être exposée durant ce mouvement excentrique, puisque, dans la supposition que l'ennemi réunirait toutes ses forces sur l'une des deux communications, il n'est pas douteux que la colonne française qui verrait se former devant elle des forces supérieures, prendrait une position défensive, tandis que l'autre, en se prolongeant, viendrait inquiéter les derrières de l'ennemi; enfin votre nombre, la bonne organisation de votre armée et les connaissances locales que vos généraux doivent avoir de ces contrées seraient de surs garans du succès de cette opération.

Avant que d'entreprendre l'expédition de Madrid, il faut avoir une base d'opérations bien établie : celle de la grande chaîne des Pyrénées n'est bonne que dans la supposition que vous ne voulez pousser vos conquêtes que jusque sur les bords de l'Èbre; mais dès l'instant que vous cherchez à vous emparer de la capitale, cette base devient défectueuse, puisque votre ligne d'opérations forme un angle dont Valladolid est le sommet; Bayonne et Madrid sont les points où viennent s'appuyer les extrémités.

L'ennemi ayant été rejeté sur la droite de l'Èbre, il vous est alors possible de prendre ce fleuve pour votre nouvelle base. La gauche s'étendrait jusqu'à Saragosse, pendant que les établissemens solides que vous feriez à Reynosa vous permettraient d'y placer votre droite; le relief du canal qui part de Auguil de Campod, servirait à couvrir la droite de l'armée qui parcourrait la route depuis Burgos jusqu'à Valladolid. On observera que cette base a plusieurs communications qui mènent sur Madrid.

Comme il est vraisemblable que l'ennemi chercherait avec une vingtaine de mille hommes à défendre le passage de l'Èbre à Miranda, les Français tenteraient sans doute d'emporter ce point qui est sur la grande route, ou bien, surprenant une marche avec leur centre et leur gauche, ils passeraient l'Èbre dans les environs de Fuenmayor ou de Logrono; l'apparition des colonnes françaises les forcerait à se replier derrière la chaîne des montagnes qui part de Reynosa et court au - delà de Soria. Il est à croire que les Espagnols feraient plutôt un mouvement rétrograde qu'un changement de front pour faire face à droite; car une bataille perdue entre l'Èbre et le pied de ces montagnes, pourrait être décisive et tournerait en déroute, vu que l'ennemi n'aurait pas l'espérance de lutter à forces égales, et par conséquent qu'il ne se présenterait nulle chance favorable pour lui.

On doit observer qu'une armée qui fait une retraite longue, et qui est poussée vivement, perd considérablement d'hommes, et qu'alors un général n'osant tenir nulle part, est forcé, du moment qu'il voit les colonnes de son adversaire s'ébranler pour l'attaquer ou le tourner, d'abandonner ses meilleures positions ; c'est ce qui arriverait probablement aux révolutionnaires ; car les montagnes de Burgos doivent leur offrir moins de chances favorables que la chaîne des Pyrénées sur le point de Vittoria.

Le groupe de rochers qui couvrent Burgos étant moins haut et moins âpre que celui franchi quelques jours avant par l'armée française, les défilés qu'il forme pour mener dans le bassin du Douro sont plus faciles à passer ; ce qui vous présenterait l'avantage d'emporter de vive force la position que l'ennemi aurait prise dans les environs de Burgos, ou de manœuvrer sur leur droite et sur leur gauche; opérations qui, les obligeant de faire un mouvement rétrograde, leur feraient prendre le Douro pour une nouvelle ligne défensive.

L'ennemi pouvant chicaner le passage des montagnes, ainsi que celui des petites rivières qui coupent, en tous sens et à différentes hauteurs, leur ligne de retraite, il aurait donc le stérile avantage de retarder de quelques jours l'arrivée des Français à Madrid. Mais comme les généraux espagnols n'oseraient pas engager de combat sérieux dans la crainte de compromettre leur arrière-garde, ils aimeraient même mieux abandonner la position de Valladolid, pour tacher de s'établir solidement derrière le Douro, surtout s'ils voyaient une de vos colonnes prendre la direction d'Azanda.

On observera que pendant les guerres de Buonaparte dans ce royaume, les armées françaises n'auraient osé pénétrer dans les contrées au-delà de Burgos, sans avoir un corps d'armée assez considérable pour pouvoir contenir les forces que les royalistes espagnols rassemblaient dans la Galice, les Asturies et le royaume de Léon; car un mouvement offensif, exécuté sans ces précautions, n'eût été qu'*une pointe*, *qui est tou-*

jours une des plus grandes fautes qu'un général puisse faire.

La position que les Espagnols peuvent prendre en avant de Valdestillas est couverte par le Douro; cette position serait bonne si les révolutionnaires avaient le double de forces à déployer; mais que peuvent-ils faire avec 15 à 18 mille hommes, étant obligés de pousser des détachemens sur la direction de Toro, tandis que ceux de leur droite doivent observer Penafiel. On demande quelles sont les opérations qu'ils oseraient entreprendre avec d'aussi faibles moyens contre 36 à 40,000 Français qui chercheraient à forcer le passage du Douro entre Tudela et la grande route, si ceux-ci n'aimaient mieux faire une fausse attaque sur ce point, ce qui faciliterait le mouvement d'une vingtaine de mille hommes chargés de tourner la droite ennemie, en franchissant cette rivière aux environs de Pesquera ou à Aranda. Dès l'instant que les colonnes françaises auraient dépassé Penafiel, les Espagnols se trouveraient forcés de se replier vivement sur Ségovie, pour de là venir se couvrir des Sierra de Guadarrama et de Ayllon.

Les Français ayant déjà forcé l'armée espagnole de leur abandonner les défilés de Vittoria et de Burgos, la rejetteraient de suite sur la troisième chaîne, dernière barrière qui couvre Madrid. Celle-ci présente, il est vrai, aux Espagnols l'avantage d'être plus élevée que celle de Burgos; mais elle offre en même temps aux Français la facilité d'avoir devant leur front les communications de Naval-Peral, de la Guadarrama, de Manzana et de Somosierra.

Ainsi donc l'armée des révoltés se trouve réduite à sa dernière ligne de défense. Le lecteur peut juger quelle perte elle aura dû faire, tant dans son personnel que dans son matériel, pendant une retraite de plus de soixante-dix lieues, devant des forces beaucoup plus considérables, et qui la poursuivaient vivement, harcelée à toute heure par un grand nombre de guérillas. Enfin, les malades, les blessés et les traîneurs ont dû nécessairement tomber entre les mains de ceux qui les chassaient de tous côtés.

Les généraux des révolutionnaires doivent prendre des positions capables de défendre les défilés où passent les routes qui viennent aboutir à Madrid. Si les dispositions ont été bien prises, le comité de défense a dû faire retrancher les postes les plus considérables pour donner le temps à l'armée de rallier les débris du corps qui avait défendu la Catalogne, et qui, pour couvrir la capitale de ce côté, s'était porté entre Sanguesa et Alcolea. Les détachemens qui battaient la campagne, ainsi que les hommes des dépôts de-

vront recevoir le même ordre. Cependant la concentration de toutes ces forces n'élevera pas l'armée à vingt-cinq mille combattans, en partie
mal armés et découragés, s'étant vus poussés
par les Français, réunis aux royalistes, de positions en positions jusqu'au centre du royaume,
et étant encore obligés de livrer une bataille
décisive qui ne leur présenterait pas d'autre espoir que de vaincre ou mourir ; car les corps qui
s'échapperaient ne trouveraient de salut que dans
leur dissolution totale.

Du moment que les généraux français verraient les ennemis faire leurs dispositions pour
défendre les passages de ces groupes de montagnes, ils manœuvreraient de manière à déboucher dans les plaines où est placé Madrid. Le
mouvement que cette chaîne de rochers fait sur
la droite ennemie doit faciliter la marche des
colonnes françaises pour venir se former sur le
flanc de l'armée des révoltés qui sera forcée d'ac-
cepter un combat ou d'abandonner la capitale,
afin d'essayer de se retirer sur le Tage. Cette retraite amenerait la dislocation de l'armée ennemie aussi-bien que la perte d'une bataille ; car
toutes les provinces espagnoles qui ne se seraient
pas encore prononcées, ne manqueraient pas,
dans une semblable occurrence, de se déclarer
contre le gouvernement tyrannique des Cortès.

Si les Espagnols ont l'avantage de choisir leur champ de bataille, les Français auront aussi celui de pouvoir diriger leurs attaques sur le point qui présenterait le moins de difficultés à emporter, puisqu'ils seront libres de leurs mouvemens ; avantage que n'auront pas les ennemis, en raison de ce qu'on suppose qu'ils occupent un camp retranché. Ainsi, les Français pouvant prendre l'initiative à volonté, toutes les chances de succès seront pour eux.

Les révoltés, voyant l'impossibilité de détacher un corps assez considérable pour défendre le défilé de Somosierra, qui se trouve à plus de six myriamètres (ou quatorze lieues) du village de Guadarrama où passe la principale route qui conduit à la capitale, préféreraient de réunir toutes leurs masses sur un seul point pour livrer une bataille qui, en devenant inévitable, leur ferait d'ailleurs espérer qu'elle déciderait du sort de la Péninsule ; mais telle est la différence de la position des révolutionnaires avec celle des Français, que, si ceux-là perdaient la bataille, leur puissance serait anéantie, au lieu que, si la fortune nous était contraire, nous opérerions facilement notre mouvement rétrograde ; car nous aurions sur l'ennemi l'avantage du nombre, celui d'être conduits par des généraux d'une réputation reconnue, la bonté des troupes, une bonne organisation, et enfin des réserves qui seraient échelonnées sur une partie des points stratégiques des différentes lignes défensives qui se trouvent sur cette communication. Que de ressources à opposer aux coups du sort, surtout lorsqu'elles se trouvent entre les mains de militaires expérimentés et instruits!

Quand on considère l'ensemble de cette campagne, on voit que nous avons placé l'ennemi dans la position la plus avantageuse sous le rapport militaire, eu égard à sa situation politique et administrative; et que nous lui avons même supposé des forces au-dessus de celles que ses finances peuvent lui permettre de déployer. D'un autre côté, on doit voir que la France n'a mobilisé que la moitié de son armée pour rejeter en trois ou quatre mois les forces que nous avons présumé pouvoir être rassemblées par l'ennemi pour repousser l'invasion de la Péninsule.

Si nous avons vu qu'il nous était permis de placer le gouvernement des Cortès sous un point de vue plus avantageux que celui où il se trouve, relativement à l'esprit qui règne dans la plus grande partie des provinces espagnoles, c'est pour ne pas encourir le blâme aux yeux de certaines personnes, d'avoir présenté les révolutionnaires incapables d'opposer aucune résistance à l'armée française.

Considérations sur la position actuelle de l'Espagne.

D'après l'opinion le plus généralement répandue et qui mérite le plus de créance, il paraît que les souverains qui se sont rassemblés à Vérone étaient d'accord de réunir des forces capables d'anéantir la révolution d'Espagne ; mais la France ayant témoigné le desir d'être seule chargée de cette expédition, ils ont consenti à nous laisser la tâche honorable de rétablir la légitimité dans ce royaume ; ce qui confirme les assertions que nous avons énoncées plus haut, que les grandes puissances ne dévient pas du plan qu'elles se sont tracé de détruire tous ces gouvernemens spoliateurs.

Les révolutionnaires n'ont donc rien trouvé de mieux pour paralyser les attaques qui se dirigeront contre les anarchistes, que de représenter le cabinet de St.-James prêt à embrasser les intérêts des Cortès ; mais à qui feront-ils croire que le ministère anglais fera cause commune avec les forcenés démagogues espagnols, afin d'empêcher la France de rétablir l'ordre dans la Péninsule ? Tel est cependant le langage de nos libéraux. Ils vont même jusqu'à vouloir persuader par leurs écrits que la note envoyée en Espagne à la fin de décembre est en contradiction avec les résolutions prises dernièrement à Vérone. Quant à nous, nous n'avons jamais cessé de penser que les ministres du roi de France suivent toujours la ligne droite; car une déviation de cette ligne nous aurait mis dans une fausse position vis-à-vis les puissances qui composent la Sainte-Alliance, puisqu'elles pourraient croire que nous faiblissons sur les principes et que notre gouvernement étant, dans cette supposition, sans énergie, serait par conséquent incapable d'exécuter de grandes choses.

Repoussant donc toutes ces imputations mensongères, nous pensons que la guerre doit avoir lieu *par la force des choses*; et, d'après cette persuasion, nous engageons les personnes impartiales d'examiner et de peser si les raisons que nous allons donner ne démontrent pas jusqu'à l'évidence tous les avantages que nous devons avoir dans la lutte qui se prépare.

L'analyse que nous avons donnée des opérations stratégiques des armées, servira dans le résumé que nous allons faire, soit que la guerre éclate à cette époque ou un peu plus tard. Les principales forces des deux partis doivent manœuvrer sur le même terrain et parcourir les mêmes lignes d'opérations. La nature de ces contrées ne permet pas d'en prendre d'autres, ou il faudrait supposer qu'on déploierait des masses plus considérables, dont une partie serait destinée à conquérir les provinces de l'Ouest des Espagnes.

Si nous examinons la situation de la Péninsule à la fin de l'année 1822 , nous voyons les Cortès dans la position la plus embarrassante, tant dans leurs finances que dans l'organisation de leur armée; car cette dernière est si faible, que ce n'est qu'avec des peines infinies que le ministre de la guerre est parvenu à mobiliser un corps de cinq ou six mille hommes en Catalogne, et qu'il peut disposer de cinq mille autres capables de marcher de Vittoria sur la province de Guipuscoa; ce qui prouve qu'il n'y a pas en tout une quinzaine de mille Espagnols disponibles sur la ligne d'opérations de l'Èbre, sans compter les garnisons de quatorze forteresses qui couvrent les débouchés des Pyrénées, garnisons à peine en état de les garder. (1).

Comme il a fallu plusieurs mois au Pouvoir exécutif, pour avoir le simulacre d'une armée,

---

(1) *Places fortes du Nord de l'Espagne :* Santander , Bilbao, Saint-Sébastien, Pampelune, Jaca , La Seu d'Urgel, Lerida, Saragosse, Balaguer, Méquinenza, occupée par les royalistes, Figuères, Roses, Geronne, Barcelonne, Tarragone, Tortose.

manquant même de matériel pour pouvoir entrer en action; nous demandons quel parti Mina prendrait si nous débouchions présentement avec une dixaine de mille hommes des vallées de la Sègre et de Campredon ? car il faut considérer que ce général des Cortès, quoiqu'il ait rejeté le baron d'Éroles en France, a si peu de moyens, qu'il peut à peine empêcher les corps de l'armée de la Foi de parcourir les environs de la Séo-d'Urgel, de même qu'il ne peut s'opposer à ce qu'une division de plus de 6,000 royalistes occupe Méquinenza. Ce corps vient dernièrement d'insulter Saragosse et Barcelonne (1). C'est donc d'après une position aussi hasardeuse, que nous pensons qu'il aimerait mieux se replier promptement sur Saragosse, que d'engager une affaire qui pourrait anéantir ses six mille combattans. De ce point, il tâcherait de se rallier avec Torrijos, qui n'aurait pas l'imprudence de compromettre ses cinq mille hommes avec une quinzaine de mille Français, qui peuvent d'un instant à l'autre, passer la Bidassoa.

Ainsi, franchir la ligne des Pyrénées et rejeter toutes les forces des Cortès derrière l'Èbre, depuis sa source jusqu'à son embouchure, ne se-

---

(1) Tandis qu'on imprimait cet opuscule, ce même corps vient de se porter jusqu'à Guadalaxara, menaçant la capitale.

rait pour les généraux français que l'objet de quelques marches. Ces mouvemens offensifs faciliteraient aux royalistes les moyens de se réorganiser dans les provinces occupées par nos troupes. La grande réserve viendrait s'échelonner jusqu'à Vittoria, et d'autres petits corps prendraient position au-delà des vallées de Bastan et de Roncevaux. Enfin, l'armée française occuperait militairement Logrono, Tudela, Saragosse et Méquinenza, ce qui ferait du cours de l'Èbre notre base d'opérations.

Durant ce temps, nous établirions des magasins qui seraient journellement alimentés par notre marine, car elle pourrait débarquer les choses qui nous seraient nécessaires sur plusieurs points de la côte du golfe de Biscaye. Ces grands dépôts nous donneraient donc les moyens de pousser l'ennemi sur Burgos, et de là le rejeter jusques sous Madrid (1). *L'art de la guerre consiste à battre, poursuivre et mettre hors de cause les forces organisées que l'on a devant soi.*

____

(1) Vu la grande supériorité de l'armée française, elle pourrait pousser l'ennemi sur une des communications dans le même temps qu'un de ses corps le tournerait; puisqu'il y a deux routes, qui, de Burgos, conduisent à la capitale : celle qui passe à Valladolid et franchit la Sierra de Guadarrama, et l'autre qui traverse le Douro à Aranda ainsi que la chaîne de montagnes à Somo Sierra pour arriver à Madrid.

Cadix étant le seul point que les forcenés démagogues regardent comme pouvant les mettre à couvert contre les atteintes de la vindicte nationale, ils espèrent bien, dans cette forteresse, braver la puissance royale, ou au moins s'échapper par mer; mais il est à croire que leur retraite courrait quelque danger, car une escadre légère française pourrait aussi-bien servir à les prendre qu'à les bloquer.

Il faut espérer aussi que tous les gouvernemens prendraient le judicieux parti de livrer ces ennemis publics, et qu'on ne donnerait plus au monde le scandaleux spectacle de voir des régicides, des révoltés, et des hommes enfin couverts de tous les crimes politiques, étaler chez l'étranger un luxe insultant.

Tels sont les avantages d'une guerre faite à temps opportun. Il serait cependant possible que des circonstances majeures forçassent d'en remettre l'exécution à une époque plus éloignée; mais il faudrait alors reprendre le plus tôt possible la ligne que notre politique doit nous tracer; car, en retardant trop l'exécution de vos projets, vous vous exposez à laisser le temps à votre ennemi de réunir ses moyens de défenses, et par conséquent vos chances de succès diminuent d'autant.

Les différentes considérations que nous ve-

nons de présenter ne changent rien à la question ,
dans le cas où la France n'ouvrirait la campagne
qu'à la fin de février ou au commencement de
mars, puisque l'ennemi, pendant ces deux mois,
aurait à peine le temps de réunir 25,000 hommes
sur l'Èbre, divisés de la manière suivante : cinq
mille en Catalogne, une quinzaine de mille depuis Vittoria jusqu'à Pampelune , et trois ou
quatre mille chargés de conserver la communication entre ces deux corps.

Quant à nous, nos moyens seraient facilement
doublés, et nous serions alors toujours dans la
même proportion que si nous attaquions les Espagnes à l'époque présente. Mais dans quelle
chance défavorable vous vous fussiez trouvés, si
le gouvernement eût eu la faiblesse de laisser
une année s'écouler ; car le peuple espagnol eût
perdu en courage et en confiance ce que les révolutionnaires eussent gagné en audace. Ainsi
nous aurions vu s'évanouir l'espoir que nous
présente l'instant favorable de rétablir la légitimité dans ce royaume, comme les souverains
de l'Europe ont, au commencement de ce siècle,
compromis leur puissance, en n'employant que
des demi - moyens pour étouffer l'hydre révolutionnaire dans son berceau.

Il paraît que des personnes marquantes dans
l'ordre social, conçoivent des inquiétudes sur le

temps que pourrait durer cet état de guerre. Il nous semble facile de les calmer, en observant que, dès l'instant où nos armées seraient établies à Madrid, le roi ou son gouvernement organiserait des régimens dans toutes les provinces rentrées dans l'ordre. Les *corps d'officiers seraient formés de royalistes, et on aurait, surtout, bien soin de n'admettre que des Espagnols fidèles,* ce qui serait facile, vû le grand nombre d'hommes attachés à la monarchie. Ces nouveaux corps se réuniraient à ceux qui s'organiseraient sur les frontières nord de l'Espagne.

Ainsi notre armée ne resterait dans les environs de la capitale que le temps nécessaire au gouvernement royal pour rassembler une dixaine de mille hommes de troupes de ligne chargés de nous remplacer sur ce point, ce qui ne pourrait être long. Nos forces reviendraient donc prendre la position de l'Èbre ; les Français occuperaient toutes les forteresses, dont ils remettraient une partie, dès qu'il y aurait assez de troupes royalistes de formées pour y mettre garnison, hors les places qui sont sur nos lignes d'opérations.

D'après ces dispositions, une partie de l'armée française repasserait les Pyrénées ; car une quarantaine de mille hommes suffiraient pour garder les pays entre l'Èbre et les monts. On pense peut-être que les révolutionnaires formeraient des guérillas qui désoleraient le royaume ; mais n'est-il pas certain que, dès l'instant où les habitans verront qu'ils sont exposés à ces forbans de terre, ils se réuniront aux troupes de ligne pour les détruire ?

Enfin on ne cesse de répéter que nous ne devons point intervenir dans les dissentions intérieures de l'Espagne, et on croit sans doute que les révolutionnaires de la Péninsule ne deviendront point hostiles envers la France. Nous répondrons à cette opinion que nous sommes persuadés, au contraire, qu'en n'attaquant pas les premiers, nous n'eussions fait que retarder la rupture de quelque temps ; car elle aurait eu lieu immanquablement ; qu'ainsi la nécessité nous force à la guerre, indépendamment des considérations dictées par l'humanité, le pacte de famille et la reconnaissance que la France royaliste doit conserver des services qu'a voulu lui rendre le faible Charles IV.

Nos assertions sont fondées sur ce que les descamisados de toutes les conditions en Espagne, poussés par les libéraux de France, feindront de ne pas croire à la bonne foi de notre gouvernement, et espéreront l'un et l'autre ranimer dans notre pays leur faction presque anéantie. Leurs diatribes, tout en paraissant ne point attaquer la Maison de Bourbon, mais être seulement dirigées contre le parti royaliste des deux royaumes, n'en auront pas moins pour unique but le renversement de cette illustre Maison, événement qu'ils croiront ne pouvoir amener que pendant une guerre.

Cette impulsion une fois donnée aux frénétiques qui, en grande partie, composent les Cortès, il est difficile de croire que les frontières de France ne seront pas violées tôt ou tard par quelques têtes ardentes, ce qui rendrait la guerre inévitable (1).

Ces diverses considérations obligeront donc la France d'employer la force des armes pour repousser ses ennemis, ainsi que pour rétablir la monarchie en Espagne. D'après les motifs que nous avons allégués plus haut, elle ne devrait pas attendre que les ennemis de la légitimité commençassent les premiers les hostilités. Si on avait besoin d'autorités pour appuyer notre opinion et pour convertir les incrédules, on pourrait citer celle de deux hommes célèbres, Burke et Pitt.

L'un prouvait par ses écrits et l'autre dans ses

---

(1) Le 30 décembre, 200 hommes de l'armée des Cortès sont venus massacrer des blessés espagnols, dans un village français près de Saint-Jean-Pied-de-Port.

discours au Parlement d'Angleterre, QUE JA-
MAIS UN GOUVERNEMENT SAGE NE DEVAIT TRAITER
AVEC DES RÉVOLUTIONNAIRES, PUISQU'IL EST RE-
CONNU QUE LEUR SYSTÈME EST DE RENVERSER L'OR-
DRE SOCIAL.

FIN.

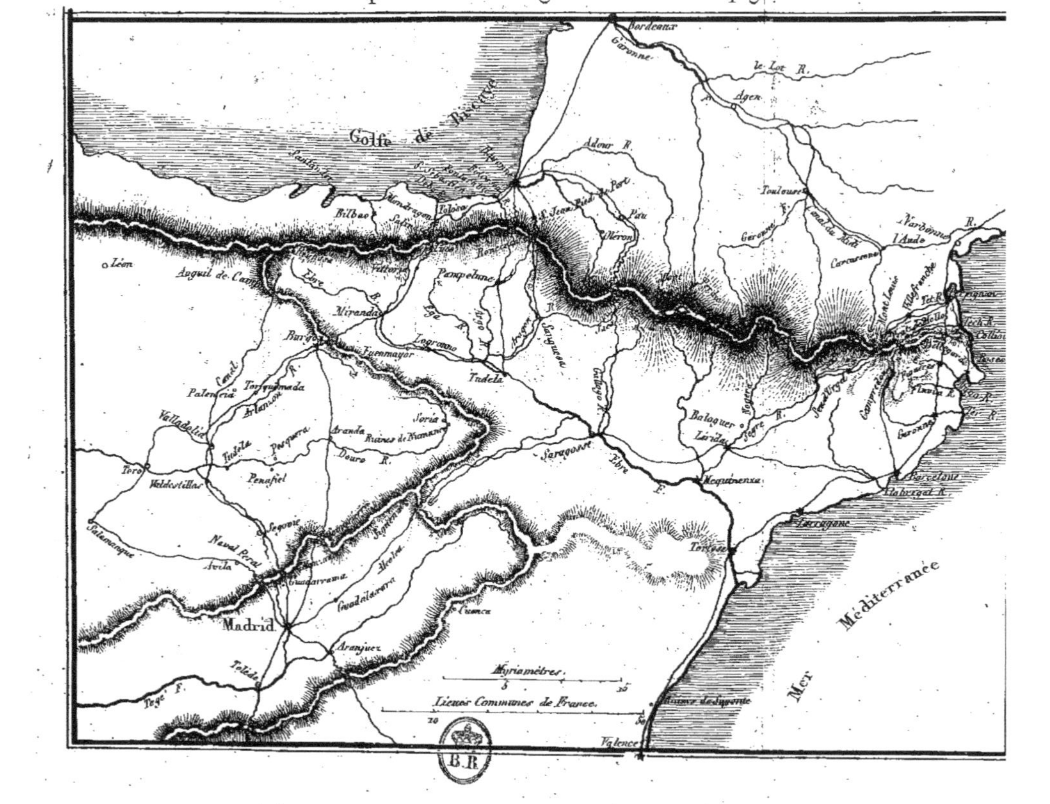

Carte pour servir a l'intelligence de la Guerre d'Espagne.
Golfe de Biscaye
Mer Méditerranée
Bordeaux
Garonne
le Lot R.
Agen
Adour R.
Toulouse
Narbonne
l'Aude R.
Carcassonne
Pau
Oléron
St Jean Pied de Port
Villefranche
Mont-Louis
Bilbao
Vittoria
Pampelune
Miranda
Ebre
Logrono
Tudela
Saragosse
Tbre F.
Gallego R.
Segre R.
Balaguer
Lérida
Moquinenza
Barcelone
Tarragone
Tortose
o Léon
Anguil de Cam
Burgos
Fuenmayor
Palencia
Torquemada
Aranda
Soria
Ruines de Numance
Valladolid
Tudela
Peсquera
Penafiel
Doura R.
Toro
Valdestillas
Segovie
Naval Peral
Avila
Guadarrama
Guadalaxara
Cuenca
Salamanque
Madrid
Aranjuez
Toledo
Tage F.
Valence
Myriamètres.
Lieues Communes de France.
B.R